50 Vietnamese Food Any Day Recipes

By: Kelly Johnson

Table of Contents

- Pho (Vietnamese Noodle Soup)
- Banh Mi (Vietnamese Sandwich)
- Goi Cuon (Vietnamese Spring Rolls)
- Banh Xeo (Vietnamese Pancakes)
- Com tam (Broken Rice)
- Bun Bo Hue (Spicy Beef Noodle Soup)
- Goi Du Du (Papaya Salad)
- Hu Tieu (Pork Noodle Soup)
- Banh Bao (Vietnamese Steamed Buns)
- Cao Lau (Hoisin-flavored Pork Noodles)
- Chao (Vietnamese Congee)
- Nem Nuong (Vietnamese Grilled Pork Skewers)
- Hu Tieu Mi (Egg Noodle Soup)
- Bo Luc Lac (Shaking Beef)
- Cha Gio (Vietnamese Fried Spring Rolls)
- Banh Cam (Vietnamese Sesame Balls)
- Xoi (Sticky Rice)
- Banh Binh (Sticky Rice Cake)
- Com Chien (Vietnamese Fried Rice)
- Ga Nuong (Grilled Chicken)
- Goi Ngo Sen (Lotus Root Salad)
- Canh Chua (Vietnamese Sour Soup)
- Banh Khot (Mini Vietnamese Pancakes)
- Bo Kho (Vietnamese Beef Stew)
- Mien Xao (Stir-fried Glass Noodles)
- Banh Cuon (Steamed Rice Rolls)
- Mi Quang (Quang-style Noodles)
- Chao Tom (Grilled Shrimp Paste on Sugarcane)
- Xoi Xeo (Sticky Rice with Mung Beans)
- Banh Bieu (Vietnamese Savory Cake)
- Ba Ba (Vietnamese Hot Pot)
- Tom Rim (Vietnamese Caramelized Shrimp)
- Banh It Tran (Vietnamese Glutinous Rice Cake)
- Hu Tieu Nam Vang (Phnom Penh Noodles)
- Canh Kho Qua (Bitter Melon Soup)

- Bo La Lot (Grilled Beef in Wild Betel Leaves)
- Lau Mam (Fermented Fish Hot Pot)
- Chao Ga (Chicken Congee)
- Xoi Chien (Fried Sticky Rice)
- Banh Trai (Sweet Potato Cake)
- Goi Cuon Chay (Vegetarian Spring Rolls)
- Com Suong (Vietnamese Salted Fish with Rice)
- Banh Chung (Square Sticky Rice Cake)
- Goi Hoa Chuoi (Banana Flower Salad)
- Banh Goi (Vietnamese Pillow Cake)
- Goi Tom (Shrimp Salad)
- Banh Pate So (Vietnamese Pâté Cake)
- Canh Ga Chien (Fried Chicken Soup)
- Ca Kho To (Vietnamese Braised Fish)
- Xoi Lan (Sticky Rice with Grilled Pork)

Pho (Vietnamese Noodle Soup)

Ingredients:

- **Beef bones** (or chicken bones for chicken pho)
- **Rice noodles**
- **Beef (sirloin, brisket, or meatballs)**
- **Onions** (sliced)
- **Ginger** (sliced)
- **Cinnamon stick**
- **Star anise**
- **Cloves**
- **Fish sauce**
- **Sugar**
- **Fresh herbs** (basil, cilantro, and mint)
- **Lime wedges**
- **Bean sprouts**
- **Chili peppers** (optional)

Instructions:

1. **Prepare the Broth:**

    - Char onions and ginger by placing them under a broiler or on an open flame.
    - In a large pot, add beef bones and cover with water. Bring to a boil, then reduce to a simmer for 3-4 hours.
    - Add charred onions, ginger, cinnamon, star anise, cloves, fish sauce, and sugar to the broth. Simmer for an additional 1 hour.

2. **Prepare the Noodles:**

    - Cook rice noodles according to package instructions and divide them between bowls.

3. **Assemble the Pho:**

    - Thinly slice the beef and place it on top of the noodles.
    - Pour the hot broth over the beef and noodles to cook the meat.
    - Garnish with fresh herbs, bean sprouts, lime wedges, and chili peppers.

Banh Mi (Vietnamese Sandwich)

Ingredients:

- **Baguette** (crusty, but soft inside)
- **Cooked pork** (grilled or roast pork)
- **Pickled carrots and daikon radish**
- **Cucumber slices**
- **Cilantro**
- **Chili peppers** (optional)
- **Mayonnaise**
- **Soy sauce or Maggi seasoning**

Instructions:

1. **Prepare the Pickles:**

   - Pickle carrots and daikon radish by soaking them in vinegar, sugar, and salt for about 30 minutes.

2. **Assemble the Sandwich:**

   - Slice the baguette and spread a thin layer of mayonnaise inside.
   - Layer the cooked pork, pickled vegetables, cucumber slices, cilantro, and chili peppers.

3. **Serve:**

   - Drizzle a little soy sauce or Maggi seasoning on top and serve immediately.

Goi Cuon (Vietnamese Spring Rolls)

Ingredients:

- **Rice paper**
- **Shrimp** (cooked, peeled, and halved)
- **Cooked pork** (thinly sliced)
- **Rice noodles** (cooked)
- **Lettuce** (washed and shredded)
- **Fresh herbs** (mint, cilantro, and Thai basil)
- **Carrot** (julienned)
- **Cucumber** (julienned)
- **Peanut dipping sauce** (or hoisin sauce)

Instructions:

1. **Prepare the Fillings:**

    - Cook the shrimp and pork and prepare the rice noodles, carrots, cucumber, and herbs.

2. **Soak the Rice Paper:**

    - Soak rice paper in warm water until soft, then place it on a flat surface.

3. **Assemble the Rolls:**

    - Place a small amount of each ingredient on the rice paper and roll tightly, folding in the sides as you go.

4. **Serve:**

    - Serve the rolls with peanut dipping sauce or hoisin sauce.

Banh Xeo (Vietnamese Pancakes)

Ingredients:

- **Rice flour**
- **Coconut milk**
- **Turmeric powder**
- **Water**
- **Prawns** (peeled)
- **Pork belly** (sliced thin)
- **Bean sprouts**
- **Lettuce leaves**
- **Mint leaves**
- **Peanut dipping sauce**

Instructions:

1. **Prepare the Batter:**
    - Mix rice flour, coconut milk, turmeric powder, and water to make a smooth batter.
2. **Cook the Pancakes:**
    - Heat oil in a pan, add shrimp and pork, and cook until tender. Pour batter over the meat and top with bean sprouts.
    - Cook until crispy on the edges, then fold the pancake in half.
3. **Serve:**
    - Serve wrapped in lettuce leaves with mint leaves and a side of peanut dipping sauce.

Com Tam (Broken Rice)

Ingredients:

- **Broken rice** (washed)
- **Grilled pork chop** (or other protein, like chicken or beef)
- **Pickled vegetables** (carrot and daikon)
- **Fried egg** (optional)
- **Spring onions** (chopped, for garnish)

Instructions:

1. **Cook the Rice:**

    - Cook the broken rice as usual, either in a rice cooker or on the stove.

2. **Grill the Pork:**

    - Marinate the pork in soy sauce, garlic, and sugar. Grill or pan-fry the pork until cooked through.

3. **Assemble the Dish:**

    - Place a portion of cooked rice on a plate and top with grilled pork, a fried egg (optional), and pickled vegetables.

4. **Serve:**

    - Garnish with chopped spring onions and serve hot.

Bun Bo Hue (Spicy Beef Noodle Soup)

Ingredients:

- **Beef shank**
- **Pork bones**
- **Rice noodles**
- **Lemongrass** (smashed)
- **Chili oil** (or dried chili flakes)
- **Shrimp paste**
- **Onions** (sliced)
- **Cabbage or banana blossom** (optional, for garnish)
- **Lime wedges** (for garnish)
- **Fresh herbs** (cilantro and basil)

Instructions:

1. **Prepare the Broth:**

   - Boil beef shank and pork bones in a large pot. Add smashed lemongrass, onions, and shrimp paste to flavor the broth.
   - Simmer for 2-3 hours and season with chili oil or dried chili flakes.

2. **Prepare the Noodles:**

   - Cook the rice noodles according to package instructions.

3. **Assemble the Soup:**

   - Place noodles in bowls, pour hot broth over, and top with sliced beef and fresh herbs.

4. **Serve:**

   - Garnish with lime wedges, cabbage or banana blossom, and herbs.

Goi Du Du (Papaya Salad)

Ingredients:

- **Green papaya** (shredded)
- **Carrot** (shredded)
- **Peanuts** (crushed)
- **Dried shrimp** (optional)
- **Chili peppers** (to taste)
- **Garlic** (minced)
- **Fish sauce**
- **Sugar**
- **Lime juice**

Instructions:

1. **Prepare the Vegetables:**

   - Shred the green papaya and carrot.

2. **Make the Dressing:**

   - In a bowl, combine fish sauce, sugar, lime juice, garlic, and chili to make a tangy dressing.

3. **Assemble the Salad:**

   - Toss the shredded papaya and carrot with the dressing and top with crushed peanuts and dried shrimp (if using).

4. **Serve:**

   - Serve immediately as a fresh and crunchy side dish.

Hu Tieu (Pork Noodle Soup)

Ingredients:

- **Pork bones**
- **Rice noodles**
- **Pork** (sliced)
- **Shrimp** (peeled)
- **Fish sauce**
- **Onions** (sliced)
- **Chili peppers** (optional)
- **Herbs** (cilantro, basil, mint)
- **Lime wedges**

Instructions:

1. **Prepare the Broth:**

    - Boil pork bones for several hours to make a rich broth. Add fish sauce, onions, and season to taste.

2. **Cook the Noodles:**

    - Cook rice noodles and place them in bowls.

3. **Assemble the Soup:**

    - Add sliced pork and shrimp to the bowls and pour hot broth over the noodles.

4. **Serve:**

    - Garnish with fresh herbs, chili peppers (optional), and lime wedges.

Banh Bao (Vietnamese Steamed Buns)

Ingredients:

- **Bao dough** (made with flour, sugar, yeast, and water)
- **Pork filling** (ground pork, mushrooms, hard-boiled eggs, and onions)
- **Soy sauce**
- **Sugar**

Instructions:

1. **Prepare the Filling:**

    - Cook ground pork with soy sauce, sugar, and onions, and then add chopped mushrooms and a boiled egg for the filling.

2. **Make the Dough:**

    - Prepare the bao dough and let it rise until doubled in size.

3. **Assemble the Buns:**

    - Divide dough into small portions, flatten each, and place the filling in the center. Pinch the edges closed to form a bun.

4. **Steam the Buns:**

    - Steam the buns for about 15-20 minutes until fully cooked.

Cao Lau (Hoisin-flavored Pork Noodles)

Ingredients:

- **Rice noodles** (thick, chewy variety)
- **Pork belly or pork shoulder** (sliced)
- **Hoisin sauce**
- **Soy sauce**
- **Fish sauce**
- **Garlic** (minced)
- **Coriander**
- **Lettuce** (shredded)
- **Crushed peanuts**
- **Fried shallots**
- **Lime wedges**

Instructions:

1. **Prepare the Pork:**

    - Marinate pork in hoisin sauce, soy sauce, and fish sauce for at least 30 minutes.
    - Pan-fry the pork slices until golden and cooked through.

2. **Cook the Noodles:**

    - Boil the rice noodles according to package instructions and drain.

3. **Assemble the Dish:**

    - Place the cooked noodles in a bowl, top with pork, lettuce, coriander, crushed peanuts, and fried shallots.

4. **Serve:**

    - Serve with lime wedges for extra flavor.

Chao (Vietnamese Congee)

Ingredients:

- **Rice** (washed)
- **Chicken or pork** (shredded)
- **Ginger** (sliced)
- **Garlic** (minced)
- **Chicken stock** or **water**
- **Fish sauce**
- **Spring onions** (chopped)
- **Coriander**
- **Fried shallots**
- **Boiled egg** (optional)

Instructions:

1. **Cook the Rice:**
   - In a pot, cook the rice with chicken stock or water until it becomes soft and porridge-like.
2. **Add the Protein:**
   - Add shredded chicken or pork and cook until heated through.
3. **Season the Congee:**
   - Season with fish sauce, ginger, and garlic. Adjust to taste.
4. **Serve:**
   - Garnish with chopped spring onions, coriander, fried shallots, and a boiled egg, if desired.

Nem Nuong (Vietnamese Grilled Pork Skewers)

Ingredients:

- **Ground pork**
- **Garlic** (minced)
- **Shallots** (minced)
- **Sugar**
- **Fish sauce**
- **Lemongrass** (minced)
- **Black pepper**
- **Skewers** (wooden or metal)

Instructions:

1. **Prepare the Pork:**

    - Mix ground pork with garlic, shallots, sugar, fish sauce, lemongrass, and black pepper.

2. **Shape the Skewers:**

    - Form the pork mixture into small sausages around the skewers.

3. **Grill the Skewers:**

    - Grill over medium heat until cooked through and golden brown.

4. **Serve:**

    - Serve with fresh herbs, rice noodles, or as an appetizer.

Hu Tieu Mi (Egg Noodle Soup)

Ingredients:

- **Egg noodles** (cooked)
- **Pork bones** (for broth)
- **Shrimp** (peeled)
- **Pork or beef** (thinly sliced)
- **Garlic** (minced)
- **Fish sauce**
- **Spring onions** (chopped)
- **Lime wedges**
- **Fresh herbs** (cilantro, basil)

Instructions:

1. **Prepare the Broth:**
    - Boil pork bones in water for a few hours to make a flavorful broth. Season with fish sauce and garlic.
2. **Cook the Noodles:**
    - Cook the egg noodles according to package instructions and place them in bowls.
3. **Add the Protein:**
    - Add sliced pork, beef, or shrimp to the noodles and pour the hot broth over.
4. **Serve:**
    - Garnish with fresh herbs, lime wedges, and spring onions.

Bo Luc Lac (Shaking Beef)

Ingredients:

- **Beef tenderloin** (cut into cubes)
- **Soy sauce**
- **Fish sauce**
- **Garlic** (minced)
- **Onion** (sliced)
- **Lime juice**
- **Black pepper**
- **Salad greens** (lettuce or arugula)
- **Cucumber** (sliced)

Instructions:

1. **Marinate the Beef:**

   - Marinate beef cubes in soy sauce, fish sauce, garlic, and black pepper for at least 30 minutes.

2. **Cook the Beef:**

   - Heat oil in a pan over high heat. Add the beef and quickly stir-fry or "shake" until cooked to your desired level.

3. **Serve:**

   - Serve the beef on a bed of fresh salad greens, garnished with lime juice and sliced cucumber.

Cha Gio (Vietnamese Fried Spring Rolls)

Ingredients:

- **Rice paper**
- **Ground pork**
- **Shrimp** (chopped)
- **Carrot** (julienned)
- **Wood ear mushrooms** (soaked and chopped)
- **Glass noodles** (soaked)
- **Garlic** (minced)
- **Fish sauce**
- **Sugar**
- **Lettuce** (for wrapping)
- **Vegetable oil** (for frying)

Instructions:

1. **Prepare the Filling:**
    - Mix ground pork, shrimp, carrots, mushrooms, and glass noodles. Season with garlic, fish sauce, and sugar.
2. **Wrap the Rolls:**
    - Soak rice paper in warm water, then place a small amount of filling on the paper and roll tightly.
3. **Fry the Rolls:**
    - Heat oil in a pan and fry the rolls until golden brown and crispy.
4. **Serve:**
    - Serve with fresh lettuce and dipping sauce.

Banh Cam (Vietnamese Sesame Balls)

Ingredients:

- **Glutinous rice flour**
- **Tapioca starch**
- **Water**
- **Red bean paste** (or mung bean paste)
- **Sesame seeds**
- **Vegetable oil** (for frying)

Instructions:

1. **Make the Dough:**

    - Mix glutinous rice flour, tapioca starch, and water to form a smooth dough.
2. **Shape the Balls:**

    - Take a small portion of dough, flatten it, and add a spoonful of red bean paste. Seal the dough around the filling and roll into a ball.
3. **Coat with Sesame Seeds:**

    - Roll the filled dough balls in sesame seeds.
4. **Fry the Balls:**

    - Heat oil in a pan and fry the sesame balls until golden and crispy.
5. **Serve:**

    - Serve warm as a sweet treat.

Xoi (Sticky Rice)

Ingredients:

- **Sticky rice**
- **Coconut milk**
- **Sugar**
- **Salt**
- **Toppings** (e.g., mung beans, fried shallots, sesame seeds)

Instructions:

1. **Prepare the Sticky Rice:**
    - Soak sticky rice in water for at least 4 hours, then steam it until tender.
2. **Season the Rice:**
    - Mix the steamed rice with coconut milk, sugar, and salt.
3. **Serve:**
    - Top with your choice of toppings, such as mung beans, fried shallots, or sesame seeds.

Banh Binh (Sticky Rice Cake)

Ingredients:

- **Sticky rice**
- **Mung beans** (soaked and cooked)
- **Pork belly** (seasoned and cooked)
- **Banana leaves** (for wrapping)
- **Fish sauce**

Instructions:

1. **Prepare the Sticky Rice:**

    - Soak sticky rice for several hours and steam it until cooked.
2. **Assemble the Cake:**

    - Spread a layer of sticky rice on a banana leaf, add a layer of cooked mung beans and pork, then top with more sticky rice.
3. **Wrap and Steam:**

    - Wrap the banana leaves around the mixture and steam for a few hours.
4. **Serve:**

    - Serve the wrapped sticky rice cake with fish sauce for dipping.

Com Chien (Vietnamese Fried Rice)

Ingredients:

- **Cold rice** (preferably leftover)
- **Egg** (beaten)
- **Garlic** (minced)
- **Carrot** (diced)
- **Green peas**
- **Green onions** (chopped)
- **Soy sauce**
- **Fish sauce**
- **Vegetable oil** (for frying)

Instructions:

1. **Prepare the Ingredients:**

    - Cook the vegetables and scramble the egg in a pan. Set aside.
2. **Fry the Rice:**

    - Heat oil in a pan, add garlic, and stir-fry the rice until hot. Add soy sauce, fish sauce, vegetables, and scrambled egg.
3. **Serve:**

    - Garnish with green onions and serve immediately.

Ga Nuong (Grilled Chicken)

Ingredients:

- **Chicken** (cut into pieces, bone-in)
- **Lemongrass** (minced)
- **Garlic** (minced)
- **Fish sauce**
- **Sugar**
- **Black pepper**
- **Turmeric**
- **Coconut water** or **water**
- **Vegetable oil**

Instructions:

1. **Marinate the Chicken:**

   - In a bowl, combine lemongrass, garlic, fish sauce, sugar, black pepper, turmeric, and coconut water. Marinate chicken for at least 2 hours or overnight.

2. **Grill the Chicken:**

   - Preheat the grill or grill pan over medium heat. Grill the chicken until golden brown and cooked through, turning occasionally.

3. **Serve:**

   - Serve with steamed rice or fresh vegetables.

Goi Ngo Sen (Lotus Root Salad)

Ingredients:

- **Lotus root** (peeled and thinly sliced)
- **Carrot** (julienned)
- **Cucumber** (julienned)
- **Herbs** (cilantro, mint, and basil)
- **Roasted peanuts** (crushed)
- **Dried shrimp** (optional)
- **Fish sauce**
- **Sugar**
- **Lime juice**
- **Garlic** (minced)
- **Chili** (optional)

Instructions:

1. **Prepare the Vegetables:**

    - Soak the lotus root slices in cold water to prevent discoloration. Mix lotus root, carrot, and cucumber in a bowl.

2. **Make the Dressing:**

    - In a separate bowl, combine fish sauce, sugar, lime juice, garlic, and chili to make a tangy dressing.

3. **Toss the Salad:**

    - Toss the vegetables with the dressing. Add dried shrimp, herbs, and crushed peanuts on top.

4. **Serve:**

    - Serve chilled or at room temperature as a refreshing appetizer or side dish.

Canh Chua (Vietnamese Sour Soup)

Ingredients:

- **Fish** (catfish or tilapia)
- **Tamarind paste** (or fresh tamarind)
- **Pineapple** (sliced)
- **Tomatoes** (quartered)
- **Okra**
- **Bean sprouts**
- **Rice paddy herb** (optional)
- **Fish sauce**
- **Sugar**
- **Garlic** (minced)
- **Chili** (optional)

Instructions:

1. **Make the Broth:**

    - In a pot, bring water to a boil and add tamarind paste. Stir to dissolve and form a sour base.

2. **Add Vegetables and Fish:**

    - Add pineapple, tomatoes, okra, and fish to the pot. Simmer until the fish is cooked through and vegetables are tender.

3. **Season the Soup:**

    - Add fish sauce, sugar, garlic, and chili to taste. Stir well.

4. **Serve:**

    - Garnish with fresh herbs like rice paddy herb and serve hot with steamed rice.

Banh Khot (Mini Vietnamese Pancakes)

Ingredients:

- **Rice flour**
- **Coconut milk**
- **Turmeric** (for color)
- **Shrimp** (small, peeled)
- **Mung beans** (steamed)
- **Green onions** (chopped)
- **Fish sauce**
- **Lettuce** (for wrapping)
- **Herbs** (mint, cilantro)

Instructions:

1. **Make the Batter:**

   - Mix rice flour, coconut milk, turmeric, and a little water to form a batter. Let it rest for 30 minutes.

2. **Cook the Pancakes:**

   - Heat a special banh khot pan (or small frying pan) and grease it with oil. Pour batter into small cups, add shrimp and mung beans, and cook until golden brown.

3. **Serve:**

   - Serve the mini pancakes with lettuce and herbs for wrapping, dipping in fish sauce.

Bo Kho (Vietnamese Beef Stew)

Ingredients:

- **Beef shank or short ribs** (cut into chunks)
- **Carrots** (cut into chunks)
- **Onion** (sliced)
- **Tomato** (sliced)
- **Star anise**
- **Cinnamon stick**
- **Lemongrass** (bruised)
- **Garlic** (minced)
- **Ginger** (minced)
- **Beef stock**
- **Fish sauce**
- **Sugar**

Instructions:

1. **Brown the Beef:**
   - In a pot, brown beef chunks on all sides.
2. **Cook the Stew:**
   - Add onion, garlic, ginger, lemongrass, and spices to the beef. Add beef stock and simmer for 1-2 hours until the beef is tender.
3. **Add Vegetables:**
   - Add carrots and tomatoes to the stew. Continue to cook until the vegetables are tender.
4. **Serve:**
   - Season with fish sauce and sugar to taste. Serve with French bread or steamed rice.

Mien Xao (Stir-fried Glass Noodles)

Ingredients:

- **Glass noodles** (soaked)
- **Shrimp** (peeled)
- **Pork** (thinly sliced)
- **Carrot** (julienned)
- **Cabbage** (shredded)
- **Garlic** (minced)
- **Soy sauce**
- **Oyster sauce**
- **Fish sauce**
- **Green onions** (chopped)

Instructions:

1. **Stir-fry the Meat:**

    - In a pan, stir-fry shrimp and pork with garlic until cooked.

2. **Cook the Vegetables:**

    - Add cabbage, carrots, and any other vegetables to the pan. Stir-fry for a few minutes.

3. **Add Noodles:**

    - Add soaked glass noodles, soy sauce, oyster sauce, and fish sauce. Stir well until the noodles are cooked through.

4. **Serve:**

    - Garnish with green onions and serve hot.

Banh Cuon (Steamed Rice Rolls)

Ingredients:

- **Rice flour**
- **Water**
- **Ground pork** (optional)
- **Wood ear mushrooms** (soaked and chopped)
- **Dried shallots** (fried)
- **Fish sauce**
- **Coriander** (for garnish)

Instructions:

1. **Make the Rice Flour Batter:**

    - Mix rice flour with water to create a thin batter. Steam the batter on a cloth or rice paper.

2. **Prepare the Filling:**

    - Cook ground pork and mushrooms together, seasoning with fish sauce and frying shallots.

3. **Assemble the Rolls:**

    - Place a small amount of filling in the steamed rice sheets, then roll them up tightly.

4. **Serve:**

    - Serve with fried shallots, coriander, and dipping sauce.

Mi Quang (Quang-style Noodles)

Ingredients:

- **Rice noodles** (wide)
- **Shrimp** (peeled)
- **Pork** (sliced)
- **Herbs** (mint, basil)
- **Peanuts** (roasted)
- **Fish sauce**
- **Tamarind paste**
- **Coconut milk**

Instructions:

1. **Prepare the Broth:**

    - Simmer pork and shrimp in water with fish sauce, tamarind paste, and coconut milk.

2. **Cook the Noodles:**

    - Cook the rice noodles and divide them among bowls.

3. **Assemble the Dish:**

    - Top noodles with shrimp, pork, and broth. Garnish with peanuts and fresh herbs.

Chao Tom (Grilled Shrimp Paste on Sugarcane)

Ingredients:

- **Shrimp** (peeled)
- **Sugarcane sticks**
- **Garlic** (minced)
- **Fish sauce**
- **Sugar**
- **Black pepper**
- **Lemongrass** (minced)

Instructions:

1. **Prepare the Shrimp Paste:**
   - Blend shrimp with garlic, fish sauce, sugar, black pepper, and lemongrass to form a paste.
2. **Wrap the Shrimp Paste:**
   - Mold the shrimp paste around sugarcane sticks.
3. **Grill the Skewers:**
   - Grill the sugarcane skewers over medium heat until cooked and golden.
4. **Serve:**
   - Serve with dipping sauce and herbs.

Xoi Xeo (Sticky Rice with Mung Beans)

Ingredients:

- **Sticky rice**
- **Mung beans** (soaked and cooked)
- **Coconut milk**
- **Fried shallots**
- **Sesame seeds**

Instructions:

1. **Prepare the Sticky Rice:**

   - Soak sticky rice for several hours, then steam it until tender.

2. **Make the Mung Bean Paste:**

   - Cook mung beans and mash them into a paste.

3. **Serve:**

   - Mix sticky rice with coconut milk and mung beans. Top with fried shallots and sesame seeds.

Banh Bieu (Vietnamese Savory Cake)

Ingredients:

- **Rice flour**
- **Tapioca starch**
- **Coconut milk**
- **Shrimp** (peeled and chopped)
- **Ground pork** (optional)
- **Green onions** (chopped)
- **Shallots** (fried)
- **Fish sauce**
- **Sugar**

Instructions:

1. **Prepare the Batter:**

    - Mix rice flour, tapioca starch, coconut milk, and water to form a batter.
2. **Cook the Topping:**

    - Stir-fry shrimp, ground pork, and green onions with fish sauce and sugar.
3. **Steam the Cakes:**

    - Pour a small amount of batter into a mold, top with the shrimp mixture, and steam for 20-30 minutes until set.
4. **Serve:**

    - Garnish with fried shallots and serve hot.

Ba Ba (Vietnamese Hot Pot)

Ingredients:

- **Fish** (catfish or tilapia)
- **Pork belly** (sliced)
- **Tofu** (firm, sliced)
- **Mushrooms** (shiitake or oyster)
- **Bamboo shoots** (optional)
- **Rice noodles** (for serving)
- **Herbs** (cilantro, basil)
- **Fish sauce**
- **Lime juice**
- **Chili** (optional)

Instructions:

1. **Prepare the Broth:**

    - In a hot pot, bring water to a boil and add fish sauce. Add pork belly and cook until tender.

2. **Add Vegetables and Fish:**

    - Add tofu, mushrooms, and bamboo shoots. Let it simmer until cooked through.

3. **Serve:**

    - Serve with rice noodles and fresh herbs. Add lime juice and chili to taste.

Tom Rim (Vietnamese Caramelized Shrimp)

Ingredients:

- **Shrimp** (peeled)
- **Sugar**
- **Fish sauce**
- **Garlic** (minced)
- **Shallots** (sliced)
- **Black pepper**
- **Coconut water** (or regular water)
- **Green onions** (chopped)

Instructions:

1. **Caramelize the Sugar:**

    - In a pan, heat sugar over medium heat until it melts and turns golden brown.

2. **Cook the Shrimp:**

    - Add garlic, shallots, and shrimp to the pan. Stir to coat the shrimp in caramel.

3. **Add Seasonings:**

    - Pour in fish sauce, coconut water, and black pepper. Let the shrimp cook until the sauce thickens.

4. **Serve:**

    - Garnish with green onions and serve with steamed rice.

Banh It Tran (Vietnamese Glutinous Rice Cake)

Ingredients:

- **Glutinous rice flour**
- **Mung beans** (steamed and mashed)
- **Ground pork** (optional)
- **Shallots** (fried)
- **Fish sauce**
- **Banana leaves** (for wrapping)

Instructions:

1. **Prepare the Filling:**

   - Mix mashed mung beans and ground pork with fish sauce to taste.
2. **Make the Dough:**

   - Combine glutinous rice flour with water to form a dough.
3. **Assemble the Cakes:**

   - Place a small amount of filling in the center of the dough, then fold it into a ball and wrap it in a banana leaf.
4. **Steam the Cakes:**

   - Steam the cakes for about 20 minutes or until fully cooked.
5. **Serve:**

   - Serve with fried shallots on top.

Hu Tieu Nam Vang (Phnom Penh Noodles)

Ingredients:

- **Rice noodles**
- **Shrimp** (peeled)
- **Pork** (sliced thin)
- **Squid** (optional)
- **Fish balls** (optional)
- **Herbs** (cilantro, basil)
- **Bean sprouts**
- **Lime juice**
- **Chili sauce**
- **Broth** (chicken or pork stock)

Instructions:

1. **Prepare the Broth:**

    - Bring chicken or pork stock to a boil and season with fish sauce. Add shrimp, pork, and other proteins.

2. **Cook the Noodles:**

    - Cook rice noodles according to package instructions.

3. **Assemble the Dish:**

    - Place cooked noodles in bowls and ladle the hot broth and proteins over them.

4. **Serve:**

    - Garnish with fresh herbs, bean sprouts, lime juice, and chili sauce.

Canh Kho Qua (Bitter Melon Soup)

Ingredients:

- **Bitter melon** (sliced)
- **Ground pork** (or beef)
- **Rice noodles** (optional)
- **Fish sauce**
- **Garlic** (minced)
- **Onion** (sliced)
- **Chili** (optional)

Instructions:

1. **Prepare the Soup Base:**

    - Sauté garlic and onion in a pot until fragrant. Add ground pork and cook until browned.

2. **Add Bitter Melon:**

    - Add sliced bitter melon and water or stock to the pot. Bring to a boil.

3. **Simmer the Soup:**

    - Simmer for 15-20 minutes, allowing the bitter melon to soften.

4. **Serve:**

    - Season with fish sauce and serve with rice noodles, if desired.

Bo La Lot (Grilled Beef in Wild Betel Leaves)

Ingredients:

- **Ground beef**
- **Wild betel leaves**
- **Garlic** (minced)
- **Fish sauce**
- **Lemongrass** (minced)
- **Sugar**
- **Black pepper**
- **Green onions** (chopped)

Instructions:

1. **Prepare the Filling:**

    - Mix ground beef with garlic, fish sauce, lemongrass, sugar, and black pepper.
2. **Wrap the Beef:**

    - Place a spoonful of beef mixture on each betel leaf and roll it tightly.
3. **Grill the Rolls:**

    - Grill the wrapped beef rolls until golden brown and cooked through.
4. **Serve:**

    - Garnish with green onions and serve with rice or as an appetizer.

Lau Mam (Fermented Fish Hot Pot)

Ingredients:

- **Fermented fish paste** (Mam)
- **Pork** (sliced thin)
- **Fish** (tilapia or catfish)
- **Tofu** (sliced)
- **Bamboo shoots** (optional)
- **Vegetables** (water spinach, mushrooms)
- **Fish sauce**
- **Chili** (optional)

Instructions:

1. **Prepare the Broth:**
   - Dissolve fermented fish paste in water to make the broth. Bring it to a boil.
2. **Add Meats and Vegetables:**
   - Add pork, fish, tofu, bamboo shoots, and vegetables to the pot. Let it simmer until cooked.
3. **Serve:**
   - Serve hot with rice or noodles and garnish with chili.

Chao Ga (Chicken Congee)

Ingredients:

- **Rice** (white, soaked)
- **Chicken** (boneless, shredded)
- **Ginger** (sliced)
- **Garlic** (minced)
- **Fish sauce**
- **Green onions** (chopped)
- **Herbs** (cilantro, basil)

Instructions:

1. **Cook the Rice:**

    - In a pot, cook the soaked rice with water until it becomes a soft porridge.
2. **Add Chicken:**

    - Add shredded chicken, ginger, garlic, and fish sauce to the rice. Simmer until flavors meld.
3. **Serve:**

    - Garnish with green onions and fresh herbs.

Xoi Chien (Fried Sticky Rice)

Ingredients:

- **Sticky rice**
- **Salt**
- **Oil** (for frying)
- **Sesame seeds** (optional)
- **Coconut milk** (optional)

Instructions:

1. **Prepare the Sticky Rice:**

    - Soak sticky rice and steam it until fully cooked.

2. **Fry the Rice:**

    - Heat oil in a pan and fry the sticky rice until crispy.

3. **Serve:**

    - Sprinkle with sesame seeds or drizzle with coconut milk before serving.

Banh Trai (Sweet Potato Cake)

Ingredients:

- **Sweet potatoes** (boiled and mashed)
- **Rice flour**
- **Sugar**
- **Coconut milk**
- **Sesame seeds**

Instructions:

1. **Prepare the Dough:**

    - Mix mashed sweet potatoes with rice flour and sugar to form a dough.
2. **Shape the Cakes:**

    - Shape the dough into small cakes and roll them in sesame seeds.
3. **Steam the Cakes:**

    - Steam the cakes for 15-20 minutes or until firm.
4. **Serve:**

    - Serve as a sweet treat or snack.

Goi Cuon Chay (Vegetarian Spring Rolls)

Ingredients:

- **Rice paper** (for wrapping)
- **Lettuce leaves**
- **Carrots** (julienned)
- **Cucumber** (julienned)
- **Vietnamese herbs** (mint, cilantro, basil)
- **Tofu** (firm, sliced thin)
- **Vermicelli noodles** (cooked)
- **Peanut dipping sauce** (or hoisin sauce)

Instructions:

1. **Prepare the Fillings:**
    - Cook vermicelli noodles and slice tofu into thin strips.
2. **Soften the Rice Paper:**
    - Dip rice paper in warm water to soften. Lay flat on a clean surface.
3. **Assemble the Rolls:**
    - Place a lettuce leaf on the rice paper, then add a small amount of noodles, tofu, carrots, cucumber, and herbs.
4. **Roll the Spring Rolls:**
    - Fold in the sides of the rice paper and roll tightly.
5. **Serve:**
    - Serve with peanut dipping sauce or hoisin sauce.

Com Suong (Vietnamese Salted Fish with Rice)

Ingredients:

- **Salted fish** (such as mackerel or tilapia, soaked to remove excess salt)
- **Rice** (steamed)
- **Garlic** (minced)
- **Shallots** (sliced)
- **Cilantro** (for garnish)
- **Chili** (optional, for heat)
- **Fish sauce**

Instructions:

1. **Prepare the Fish:**

    - Soak salted fish in water to remove excess salt. Grill or fry until golden and crispy.
2. **Cook the Rice:**

    - Steam rice until fluffy.
3. **Cook Garlic and Shallots:**

    - Sauté minced garlic and sliced shallots in oil until fragrant.
4. **Assemble the Dish:**

    - Serve steamed rice topped with crispy salted fish and sautéed garlic and shallots.
5. **Serve:**

    - Garnish with cilantro and chili, drizzle with fish sauce, and serve hot.

Banh Chung (Square Sticky Rice Cake)

Ingredients:

- **Glutinous rice**
- **Mung beans** (soaked and mashed)
- **Pork belly** (sliced)
- **Banana leaves** (for wrapping)
- **Salt**
- **Pepper**
- **Fish sauce**

Instructions:

1. **Prepare the Ingredients:**

    - Soak glutinous rice and mung beans. Mash the mung beans after soaking.

2. **Assemble the Cake:**

    - Place a layer of banana leaves on a square mold. Add a layer of glutinous rice, followed by a layer of mung beans, and then slices of pork belly. Repeat layers.

3. **Wrap the Cake:**

    - Wrap the ingredients tightly in the banana leaves to form a square shape. Tie with string.

4. **Steam the Cake:**

    - Steam the cake for about 4-5 hours until fully cooked and firm.

5. **Serve:**

    - Slice and serve hot.

Goi Hoa Chuoi (Banana Flower Salad)

Ingredients:

- **Banana flower** (finely shredded)
- **Carrot** (julienned)
- **Cucumber** (julienned)
- **Herbs** (cilantro, mint, basil)
- **Roasted peanuts** (crushed)
- **Lime juice**
- **Fish sauce**
- **Sugar**
- **Chili** (optional)

Instructions:

1. **Prepare the Banana Flower:**
    - Peel off the outer layers of the banana flower and shred the inner parts. Soak in cold water with a little lime juice to prevent browning.
2. **Prepare the Vegetables:**
    - Julienne the carrot and cucumber, and chop the herbs.
3. **Make the Dressing:**
    - Mix lime juice, fish sauce, sugar, and chopped chili to make a dressing.
4. **Assemble the Salad:**
    - Toss the shredded banana flower, carrots, cucumber, and herbs in the dressing.
5. **Serve:**
    - Garnish with roasted peanuts and serve immediately.

Banh Goi (Vietnamese Pillow Cake)

Ingredients:

- **Ground pork**
- **Mung beans** (cooked and mashed)
- **Onions** (sliced)
- **Vietnamese spices** (fish sauce, sugar, pepper)
- **Wonton wrappers** (or rice paper for wrapping)
- **Oil** (for frying)

Instructions:

1. **Prepare the Filling:**

   - Sauté ground pork and onions until cooked. Add mashed mung beans, fish sauce, sugar, and pepper, and mix well.

2. **Assemble the Cakes:**

   - Place a small amount of filling in the center of each wrapper and fold into a half-moon shape.

3. **Fry the Cakes:**

   - Heat oil in a pan and fry the cakes until golden brown and crispy.

4. **Serve:**

   - Serve hot with dipping sauce, such as nuoc cham.

Goi Tom (Shrimp Salad)

Ingredients:

- **Shrimp** (peeled and cooked)
- **Cabbage** (shredded)
- **Carrot** (julienned)
- **Cucumber** (julienned)
- **Herbs** (mint, cilantro, basil)
- **Peanuts** (crushed)
- **Fish sauce**
- **Lime juice**
- **Sugar**
- **Chili** (optional)

Instructions:

1. **Prepare the Shrimp:**

    - Boil or steam shrimp, then peel and slice into smaller pieces if desired.
2. **Assemble the Salad:**

    - In a bowl, mix cabbage, carrot, cucumber, and herbs. Add the shrimp and toss.
3. **Make the Dressing:**

    - Combine fish sauce, lime juice, sugar, and chili to make the dressing.
4. **Serve:**

    - Drizzle the dressing over the salad, top with crushed peanuts, and serve immediately.

Banh Pate So (Vietnamese Pâté Cake)

Ingredients:

- **Pâté** (store-bought or homemade)
- **Ground pork** or **chicken** (optional)
- **Shallots** (fried)
- **Puff pastry** (for wrapping)
- **Egg wash** (egg yolk and water)

Instructions:

1. **Prepare the Filling:**

    - Cook ground pork or chicken with fried shallots. Add a little fish sauce and pepper for flavor. Once cooled, mix with pâté.

2. **Assemble the Cakes:**

    - Cut puff pastry into squares, place a spoonful of the filling in the center, and fold the pastry to form a triangle.

3. **Bake the Cakes:**

    - Brush the cakes with egg wash and bake at 375°F (190°C) for 20-25 minutes, or until golden and puffed.

4. **Serve:**

    - Serve warm as a snack or appetizer.

Canh Ga Chien (Fried Chicken Soup)

Ingredients:

- **Chicken** (cut into pieces)
- **Onions** (sliced)
- **Garlic** (minced)
- **Tomatoes** (chopped)
- **Carrots** (sliced)
- **Fish sauce**
- **Chicken stock**
- **Herbs** (cilantro)
- **Chili** (optional)

Instructions:

1. **Fry the Chicken:**

    - In a large pot, fry chicken pieces until golden brown on all sides.
2. **Cook the Vegetables:**

    - Add onions, garlic, and tomatoes, and sauté until softened.
3. **Make the Soup:**

    - Add chicken stock and carrots. Season with fish sauce and let it simmer for 30-40 minutes.
4. **Serve:**

    - Garnish with fresh cilantro and chili, and serve hot with rice.

Ca Kho To (Vietnamese Braised Fish)

Ingredients:

- **Fish** (catfish or tilapia, cut into pieces)
- **Shallots** (sliced)
- **Garlic** (minced)
- **Fish sauce**
- **Sugar**
- **Black pepper**
- **Coconut water** (or water)
- **Chili** (optional)

Instructions:

1. **Prepare the Fish:**

   - In a clay pot, sauté shallots and garlic until fragrant. Add the fish pieces and cook until browned.

2. **Make the Braising Sauce:**

   - Add fish sauce, sugar, black pepper, and coconut water. Let it simmer, stirring occasionally, until the fish is tender and the sauce has thickened.

3. **Serve:**

   - Garnish with chili (if using) and serve with steamed rice.

Xoi Lan (Sticky Rice with Grilled Pork)

Ingredients:

- **Sticky rice** (steamed)
- **Pork** (thinly sliced, for grilling)
- **Soy sauce**
- **Fish sauce**
- **Sugar**
- **Garlic** (minced)
- **Black pepper**
- **Sesame seeds** (optional)

Instructions:

1. **Marinate the Pork:**

    - In a bowl, mix soy sauce, fish sauce, sugar, garlic, and black pepper. Add the pork slices and let marinate for 30 minutes.

2. **Grill the Pork:**

    - Grill the marinated pork until cooked and slightly charred.

3. **Prepare the Sticky Rice:**

    - Steam sticky rice until fluffy.

4. **Assemble the Dish:**

    - Serve the sticky rice topped with grilled pork and sprinkle with sesame seeds if desired.

5. **Serve:**

    - Serve hot as a hearty meal.

www.ingramcontent.com/pod-product-compliance
Lightning Source LLC
LaVergne TN
LVHW081507060526
838201LV00056BA/2978